Discipulado 1

José Young

Ediciones Crecimiento Cristiano

© **Ediciones Crecimiento Cristiano**
Córdoba 419
5903 Villa Nueva, Cba.
Argentina
oficina@edicionescc.com
www.edicionescc.com
T.E. |353| 491 2450

Presente edición 8/05
I.S.B.N. 950-9596-98-1

Ediciones Crecimiento Cristiano es una Asociación Civil
sin fines de lucro dedicada a la enseñanza del mensaje evangélico
por medio de la literatura.

Diseño de Tapa: Ana Ruth Santacruz.

IMPRESO EN ARGENTINA

Índice General

Introducción

El llamado de Dios es que seamos discípulos de su Hijo, Jesucristo. Es necesario creer en él para tener vida, pero simplemente "creer" no cumple lo que Dios quiere de nosotros. También necesitamos obedecer.

Este cuaderno, y el que sigue, tratan ampliamente las implicaciones de ser discípulos. Deseamos ayudarle a conocer mejor al Salvador, y a la vez servirle mejor. La meta es alto: ser como Cristo. La tarea no es fácil, porque Dios nos llama a la exelencia.

Pero vale la pena esforzarnos para llegar a la meta.

Para recibir el máximo beneficio de esta serie de estudios, debe hacerla con otra persona o como parte de un grupo pequeño. El diálogo es un elemento importante del proceso de crecimiento.

Los ocho temas de la serie:

Cuaderno 1

1 - "Una nueva relación", en donde buscamos mejorar nuestra comunión con Dios. (página 6)

2 - "Una nueva vida", donde exploramos la vida que Dios nos ofrece.)página 30)

3 - "Ser discípulos", donde examinamos lo que Jesucristo pide de nosotros. (página 63)

4 - "El bautismo y la Cena del Señor", que nos ayuda entender mejor el inicio y la continuación de nuestra vida en Cristo. (página 89)

Cuaderno 2

5 - "Los tres peligros", donde examinamos los factores que nos pueden estobar como discípulos de Jesucristo

6 - "Vivir en comunidad", un examen de la iglesia de Dios y lo que es ser parte de ella.

7 - "La Palabra de vida" trata la naturaleza de la Biblia y cómo utilizarla.

8 - "Hacer discípulos", destaca la tarea principal de un discípulo.

Nota:

Durante esta serie de estudios hemos de mencionar o utilizar más de una versión de la Biblia. La versiones principales son:

RV = Reina Valera
NVI = Nueva Versión Internacional
VP = Dios llega al hombre (Biblia de estudio)

Una nueva relación

I

Introducción

El fundamento de la vida cristiana es tener una relación con Cristo, relación que necesitamos mantener y mejorar. Pero es imposible conservarla sin cultivar la comunicación regular entre nosotros y Dios. Por ejemplo, si nunca hablamos o escuchamos a nuestro mejor amigo, en poco tiempo dejará de serlo.

Así también en nuestra relación con Dios. Si no hablamos con él, si no lo escuchamos, seguimos siendo extraños. En este cuaderno exploraremos cómo la Palabra y la oración son los medios de comunicación entre nosotros y Dios.

Índice de temas

1

Una nueva relación

U sted ha comenzado una nueva relación con Dios por medio de Jesucristo. ¿Cómo se originó esa relación? ¿Cómo es?

Busquemos en la Biblia en 2 Corintios 5:17 a 21. Si está a su alcance léalo en más de una versión de la Biblia. Pablo en este pasaje describe la nueva relación con Dios que todos podemos tener.

1 ¿Cómo describe Pablo esa relación?

2 ¿Por qué, en base a estos versículos, necesitamos tener una nueva relación con Dios?

En Colosenses 1:21,22 Pablo nos dice además que éramos *enemigos* de Dios.

3 ¿No le parece fuerte esta descripción de Pablo? Según su experiencia, ¿qué opina usted de esta afirmación de que eramos "enemigos"?

Cuando en una relación entre dos personas las cosas no andan bien, cada parte ha de buscar la reconciliación.

---

4 En este caso:

a/ ¿Qué ha hecho Dios para lograr nuestra reconciliación?

b/ ¿Qué tenemos que hacer nosotros?

Por supuesto, una nueva relación con Dios implica nuevos privilegios y nuevas responsabilidades. Antes le prestábamos poca atención a Dios; ahora no podemos quedarnos indiferentes.

San Juan 1:11,12 nos habla del privilegio de ser hijos de Dios.

5 Si Dios es nuestro Padre, ¿qué podemos esperar de él? ¿Que opina usted?

6 Si somos sus hijos, ¿qué espera él de nosotros?

7 Si tomamos las figuras de un vecino y un hijo,
aplicándolas en nuestra relación con Dios,
¿qué diferencia encontramos entre ser
"vecino" de Dios, e "hijo" de Dios?

Conocer a Dios personalmente por medio de Jesucristo implica entrar en una nueva relación con él. En las siguientes lecciones pensaremos cómo mantener viva esa relación.

2

Comunión con Dios

La Biblia utiliza la palabra "comunión" para describir nuestra relación vital con Dios. En esta lección deseamos investigar de qué consiste la comunión.

Comenzaremos con una enseñanza que Jesús da en Juan 15:1-6, y forma parte de sus últimas instrucciones a los apóstoles. Destaca la necesidad de mantenernos unidos a él, y utiliza la figura de la vid y sus ramas. Quizá muchos de nosotros tengamos una parra en el patio de nuestra casa y podamos pensar claramente en este ejemplo.

1 Pensemos juntos en esta figura.

a/ ¿Qué recibe una rama del tronco?

b/ ¿Qué se espera de la rama?

c/ ¿Por qué es necesario podarla?

d/ ¿Cuántas podas ha de recibe una parra en su vida?

e/ ¿Qué sucede con la rama que, por alguna razón, se desprende del tronco?

2 En forma de resumen, explique cómo se aplica esta figura a la vida cristiana.

Esta dependencia descripta por Jesús, es una manera de explicarnos el vínculo que debe existir entre nosotros y Dios. En el v. 4 (Juan 15) dice que él permanece en nosotros, y nosotros en él; la relación es mutua.

3 Dos versículos que aclaran ese enlace son Juan 14:21 y 23. Estos versículos contienen promesas, pero también imponen condiciones.

a/ ¿Cuáles son las promesas?

b/ ¿Cuáles son las condiciones?

Lo fantástico de nuestra fe es que Dios no se queda alejado, no es indiferente. Ha tomado la iniciativa para estar a nuestro lado, y continúa ayudándonos a crecer y a sostenernos en nuestros problemas. La presencia de su Espíritu dentro de nosotros nos asegura que estará a nuestro lado.

Una palabra que describe esa relación es "comunión". Este concepto tiene dos dimensiones: primero, existe comunión cuando tenemos algo en común; y segundo, cuando participamos juntos de esas cosas que tenemos en común. Los dos aspectos son indispensables.

Por ejemplo, los pasajeros de un colectivo pueden tener iguales destinos, disfrutar del mismo paisaje, etc., pero no tienen comunión porque no existe una relación interpersonal; están juntos circunstancialmente y por casualidad.

También los cristianos de la Argentina y de Venezuela comparten la misma fe, pero no tienen comunión porque no pueden participar juntos de la vida en comunidad.

Para tener comunión con Dios, necesitamos pasar tiempo a solas con él. Necesitamos estar con él, hablarle, escucharle. Busque, por ejemplo, los siguientes versículos: Marcos 3:14, 6:31; Lucas 22:15; Juan 17:3.

---

4 ¿Qué tienen en común estos versículos?

No hay duda de que necesitamos a Dios, y estar con él, pero lo fantástico es que ¡Dios también desea estar con nosotros!

Seamos honestos. ¿Amamos a Dios? ¿Es posible amar a una persona sin querer estar con ella? El Salmista dijo:

> *Como ciervo sediento en busca de un río, así, Dios mío, te busco a tí.*
> *Tengo sed de Dios, del Dios de la vida.*
> **(Salmo 42:1,2)**

Por supuesto, una relación íntima con Dios requiere algo de nuestra parte. Es una relación que tenemos que forjar, y luego cultivar. Por ejemplo, busque el Salmo 15. Habla de tener una relación con Dios, pero pone condiciones.

5 Dé tres ejemplos de cómo debemos vivir para cumplir las exigencias de este Salmo.

a/

b/

c/

Sí, la relación con Dios exige cierta disciplina de nuestra parte. Y si pensamos en las prioridades de la vida, en los aspectos más necesarios, daremos al encuentro diario con Dios un lugar principal.

La práctica de apartar un tiempo todos los días para tener comunión con Dios comúnmente se le llama el "Tiempo Devocional". Algunos lo hacen por la mañana, otros por la noche, pero cualquiera sea su preferencia, ese tiempo es *indispensable* para la vida cristiana.

6 Busque, nuevamente, los siguientes versículos, y anote qué nos enseñan del hombre más ocupado y requerido de la tierra: Marcos 1:35, 6:45,46.

7 Resumiendo, ¿cuáles son las principales conclusiones de esta lección?

Hay un premio para el discípulo obediente, hay poder y autoridad para el discípulo fiel, y para el discípulo celoso hay la gloria de hacer proezas para él... pero también hay el susurro de Su amor, el gozo de Su presencia, y el resplandor de Su rostro para aquellos que le aman por lo que Él es.
(Tiempo Devocional, p. 32)

3

Habla Dios

Este libro que tenemos en nuestras manos, la Biblia, es la Palabra de Dios, y por medio de ella, él nos habla. A través de sus páginas conocemos a Dios, y también nos hace conocer su voluntad. La iglesia ha recibido con mucha razón el apodo de: "el pueblo del Libro", ya que la única manera de saber cómo es Dios y escuchar su voz, es por medio de su lectura.

Comenzaremos nuestro estudio del tema con 1 Pedro 1:22 a 2:3.

1 ¿Qué figuras utiliza Pedro para describir la Palabra de Dios? (Es importante ver este versículo en la versión Reina-Valera o en la Nueva Versión Internacional.)

2 ¿Por qué escogió esas figuras para describir la Palabra?

Otro pasaje importante para nuestro tema es 2 Timoteo 3:14-17. En esta carta, Pablo le da instrucciones a Timoteo, pero también le recuerda que desde su juventud, había conocido la Palabra de Dios.

Seguramente por eso Timoteo era un hombre tan útil en el servicio de Dios. Pablo dijo una vez acerca de él: "...no tengo a ningún otro que comparta tanto mis propios sentimientos y que de veras se preocupe por el bien de ustedes". (Filipenses 2:20).

3 Según este pasaje (2 Timoteo 3:14-17), hay varias cosas que la Palabra logra en nuestras vidas. ¿Cuáles son?

4 ¿Qué debía hacer Timoteo con la Palabra?

En el pasaje anterior (1 Pedro 1:22-2:3) vimos a la Palabra como el alimento espiritual que necesitamos para crecer; este pasaje (2 Timoteo 3:14-17) la presenta como el libro de texto en la escuela de la vida. Para llegar a ser una persona madura que Dios puede utilizar, cada día debemos leer este "manual de instrucciones".

El tercer pasaje que vamos a ver es 1 Corintios 2:9-12. Trata un tema que estudiaremos más detalladamente en otro estudio: la obra del Espíritu Santo. Pero ahora nos interesa saber qué parte tiene el Espíritu en la comunicación entre Dios y nosotros.

5 Según este pasaje, ¿qué es lo que hace el Espíritu? Anote las diferentes cosas que realiza.

6 Según este pasaje, ¿es posible tener comunión con Dios sin el Espíritu Santo? ¿Por qué?

La Palabra y el Espíritu van unidos. El Espíritu mismo movió a los hombres de Dios para escribir la Biblia (2 Pedro 1:21), y este pasaje que acabamos de ver afirma que necesitamos que el Espíritu sea el intérprete y que nos enseñe la Palabra. Pablo dijo con toda razón que la Palabra es el arma del Espíritu (Efesios 6:17).

El último pasaje que veremos en esta lección se encuentra en Salmo 1:1-3. En los Salmos hay muchos pasajes hermosos acerca de la Palabra de Dios, y hemos de ver algunos más en otras lecciones. El Salmo 119, por ejemplo, además de ser el más largo de todos, es el que trata exclusivamente sobre la Palabra de Dios.

7 Según el pasaje del primer Salmo, ¿qué debemos hacer nosotros con la Palabra?

8 Si cumplimos con lo que dice este Salmo, ¿qué resultado habrá en nuestras vidas?

Al hacer estas reflexiones, vemos la importancia que tiene la Palabra de Dios en la vida cristiana. Una parte del "tiempo devocional" lo ocupamos sencillamente en la lectura de la Biblia; así escuchamos a Dios por medio de sus páginas.

Algunos podrán apartar más tiempo que otros. Pero todos, si han de vivir, deben apartar algún tiempo. Debe ser un tiempo fijo. Debe ser tan fijo como las actividades del día, como lavarse la cara por la mañana o cenar por la noche. Antes de seguir leyendo, decídase a fijar el tiempo mejor para sus propias meditaciones.
(Tiempo Devocional, p. 8)

4

Hablamos nosotros

Orar es hablar con Dios. Es tan simple. Nuestro Padre, el Creador del universo, puede escuchar nuestra voz y conocer nuestros pensamientos desde cualquier lugar. Sabemos que la línea de comunicación con él siempre está disponible.

Pero la oración es mucho más que nuestro último recurso cuando tengamos problemas. Hay muchas personas que pretenden orar solamente cuando se encuentran en apuros. Realmente, esa es una falta absoluta de consideración hacia Dios.

Tampoco es meramente un pretexto para pedirle cosas a Dios. Si oramos solamente para pedir algo, somos de los más egoístas.

No, la oración es un resultado lógico de nuestra relación con Dios. Si lo conocemos, y pertenecemos a él, lo más natural es querer agradecerle, hablarle, hacer cada vez más estrecha esa relación por medio de una comunicación íntima con él.

Pero también con toda razón podemos preguntarnos: ¿Qué derecho tengo yo, un ser tan insignificante de este enorme universo, de hablar con el Todopoderoso, el Creador?

1 Comenzamos a responder a esta pregunta
con dos pasajes: Juan 14:13 y 16:24.
a/ Según estos versículos, ¿cómo debemos pedir?

b/ ¿Cuáles son las dos razones que dan, estos
mismos versículos, para pedir de esa manera?

Veamos otro pasaje que aclara un poco más la contestación, Hebreos 10:19-22. Es un poco difícil, pero aclara por qué tenemos el derecho de hablar con Dios.

2 Según este pasaje, ¿por qué podemos acercarnos a Dios con libertad? (Conteste con sus propias palabras)

3 También según este pasaje, ¿cómo debemos acercarnos a Dios?

La contestación es clara. No podemos acercarnos a Dios por méritos propios. Aunque somos sus hijos, la autoridad para hablar con Dios no es nuestra, sino delegada. Lo hacemos en el nombre de Jesucristo, con su autorización, no porque el nombre de Jesús sea una palabra "mágica", sino porque representa la autoridad que él nos dio para entrar a la presencia del Dios Todopoderoso.

Pero existe aún otro problema. ¿Es cierto que Dios *siempre* nos escucha, y *siempre* nos contesta? Veamos lo que dice la Biblia. En primer lugar, en Lucas 18:9-14.

4 ¿Por qué no fue aceptada la oración del fariseo?

5 ¿Por qué Dios tomó en cuenta al publicano, aun siendo pecador?

6 En los evangelios el Señor menciona otra condición que Dios impone a nuestras oraciones. Según Marcos 11:25,26 ¿qué es lo que Dios exige?

7 Veamos otro pasaje más, Santiago 4:2,3. Según este pasaje, ¿por qué Dios a veces no contesta nuestras oraciones?

Hay otros pasajes acerca del tema, pero creemos que por ahora hemos visto lo suficiente. Lo esencial es claro. No hay nada "automático" en la oración. Dios no está obligado a contestar cuando nosotros no cumplimos con nuestra parte.

8 Terminamos con una pregunta en forma de resumen. Según todo lo que hemos visto en esta lección, ¿qué debemos hacer nosotros para estar seguros de que Dios realmente presta atención a nuestra oración?

Hemos hablado de la lectura de la Biblia en el tiempo devocional. Pero así como escuchamos a Dios por medio de su Palabra, también necesitamos hablar con él en la oración. La comunión depende de la comunicación entre las dos partes.

Felizmente, no tenemos que ir a ninguna parte para encontrarnos con Dios... él nos prometió su presencia. Así que:

> **Recuerde constantemente durante su lectura y oración, que no está solo. Dos personas comparten la habitación y participan en la lectura de la Biblia. Recuerde con reverencia que el Consolador se halla a su lado. El está allí. Darse cuenta de este hecho hace del tiempo devocional una realidad viviente.**
>
> **(Tiempo Devocional, p. 19)**

5

Forjar la comunión

Nuestro parentezco con Dios trae como consecuencia toda una serie de nuevas relaciones, humanas y celestiales. Como ciudadanos del reino de Dios, se nos abren muchos horizontes nuevos.

Sin embargo, los muchos privilegios y gozos de la vida cristiana son consecuencia de nuestra nueva relación como hijos. Como ya vimos en Juan 17:3, la vida eterna consiste en conocer a Dios.

Pensemos, entonces, en cómo forjar la comunión con Dios. Pensemos en cómo y cuándo le vamos a dar un tiempo a solas con él. La primera pregunta que podemos hacernos es:

¿Cuándo?

En un sentido, la respuesta es sencilla: Tenemos comunión con Dios todo el día. Aunque en la práctica, nuestros días están llenos de muchas responsabilidades y actividades que nos distraen. Pero siempre hay esos momentos cuando podemos decirle "Gracias, Padre", o "Ayúdame en esto, Padre."

1 Piense un poco. ¿Cuánto tiempo libre realmente tiene durante un día normal, del cual podrá sacar unos momentos para Dios? (Haga la suma de las horas que ocupa en dormir, comer, trabajar, viajar, etc. y el saldo da las horas libres.)

Por supuesto, el día domingo es tema aparte. Todos los hijos de Dios debemos participar en la vida de la iglesia y allí, como familia de Dios, tenemos comunión con el Padre.

Pero como vamos insistiendo, el Padre desea tiempo a solas con sus hijos. Un momento —tal vez media hora— que dedicamos solamente a él. Muchos dirán que el momento apropiado para este tiempo aparte con Dios (el tiempo devocional) es la primera hora de la mañana, antes de las otras actividades del día.

2 ¿Puede pensar en algunas razones porque la mañana temprana sería el tiempo mejor?

Por supuesto, hay personas que simplemente no "funcionan" de mañana, y en su caso, es mejor buscar otro momento. Pero citamos de nuevo al libro "Tiempo Devocional" (p. 7):

Nadie que puede distribuir su tiempo para poder comer tres veces al día a horas determinandas, puede decir con verdad que le es imposible fijar un tiempo diario para meditar en su Biblia. Semejante afirmación es un anuncio de su indiferencia espiritual. Una necesidad verdaderamente sentida, pronto busca su propia solución.

¿Cómo?

Ya hemos visto los dos elementos esenciales de la comunión con Dios. Son:

Primero, escucharle en su Palabra. Si no ha leído mucho de la Biblia todavía, sería mejor concentrarse en el Nuevo Testamento. Como dice el "Registro de Lectura" en el final de este capítulo, es mejor leer sistemáticamente, y no al azar. Es decir, seleccionar un libro del Nuevo Testamento, leer una parte todos los días, y anotar en el Registro de Lectura los capítulos que haya leído como medio de control.

3 ¿Puede compartir con el grupo algo tomado de su lectura bíblica durante la última semana, es decir, desde el último encuentro del grupo?

Segundo, hablarle en oración. *Necesitamos* darle un tiempo donde le decimos cuánto le apreciamos, le damos gracias, y le pedimos por nuestras necesidades y las de las personas que nos rodean.

4 ¿Puede compartir con el grupo una razón porque dio gracias a Dios durante la semana, desde el último encuentro del grupo?

Cuánto tiempo ocupa en el tiempo devocional, y *cómo* lo hace dependen de su personalidad y su situación. Pero de cualquier manera, la comunión con Dios requiere estos dos elementos.

¿Por qué?

Tal vez le parezca tarde preguntar el "por qué" del tiempo devocional. Ya hemos visto varias razones.

5 Responda ahora a la pregunta: ¿Por qué necesitamos tener un tiempo devocional?

Aunque ya tenemos buenas razones para hacer el tiempo devocional, es un tema que necesitamos trabajar constantemente. Todos los que lo practicamos, sabemos qué fácil es aflojarnos. Hay días en que la Palabra parece escombros, y el cielo un techo de zinc. Y la tentación es dejarlo para otro día. Pero cada día que dejamos de tener comunión con Dios, cuesta más volver.

Como cualquier relación, ésta tiene muchas dimensiones. Es necesario que crezca dentro del contexto de la vida total del cristiano. Vamos a ver brevemente a dos de estas otras dimensiones de la vida cristiana que afectan directamente a la comunión con Dios.

6 Por ejemplo, según Romanos 8:5-8, ¿qué debemos hacer para mantenernos en comunión con Dios?

7 Vea también 1 Juan 2:3-6. En este caso, ¿qué necesitamos hacer para tener una buena relación con el Padre?

En realidad, *todo* lo que somos y hacemos tiene implicaciones directas con nuestra relación con Dios. Porque hemos sido nacidos de nuevo, somos una nueva creación, y —para tomar prestadas las palabras de Pablo— "...en Dios vivimos, nos movemos y existimos." (Hechos 17:28).

Conclusión

La vida cristiana es un proceso. Vamos aprendiendo, ganando experiencia, y así crecemos hacia la madurez.

Los estudios que siguen explican algunos de los temas básicos de la vida cristiana. Nos ayudan a *comprender* nuestra fe, *practicarla*, y *comunicarla*.

Pero este estudio es primero, porque aquí tenemos que comenzar. En un sentido, ganamos o perdemos el partido aquí.

Que el Señor le ayude a tener un tiempo constante y provechoso con él todos los días.

Mateo	1	2	3	4	5	6	7	8	9	10	11	12	13	14	15	16	17	18	19	20	21	22	23	24	25	26	27	28
Marcos	1	2	3	4	5	6	7	8	9	10	11	12	13	14	15	16												
Lucas	1	2	3	4	5	6	7	8	9	10	11	12	13	14	15	16	17	18	19	20	21	22	23	24				
Juan	1	2	3	4	5	6	7	8	9	10	11	12	13	14	15	16	17	18	19	20	21							
Hechos	1	2	3	4	5	6	7	8	9	10	11	12	13	14	15	16	17	18	19	20	21	22	23	24	25	26	27	28
Romanos	1	2	3	4	5	6	7	8	9	10	11	12	13	14	15	16												
1 Co.	1	2	3	4	5	6	7	8	9	10	11	12	13	14	15	16												
2 Co.	1	2	3	4	5	6	7	8	9	10	11	12	13															
Gálatas	1	2	3	4	5	6																						
Efesios	1	2	3	4	5	6																						
Fil.	1	2	3	4																								
Col.	1	2	3	4																								
1 Ts.	1	2	3	4	5																							
2 Ts.	1	2	3																									
1 Ti.	1	2	3	4	5	6																						
2 Ti.	1	2	3	4																								
Tito	1	2	3																									
Filemón	1																											
Hebreos	1	2	3	4	5	6	7	8	9	10	11	12	13															
Santiago	1	2	3	4	5																							
1 Pedro	1	2	3	4	5																							
2 Pedro	1	2	3																									
1 Juan	1	2	3	4	5																							
2 Juan	1																											
3 Juan	1																											
Judas	1																											
Apo.	1	2	3	4	5	6	7	8	9	10	11	12	13	14	15	16	17	18	19	20	21	22						

Registro de lectura

Aconsejamos que lea la Biblia:

Regularmente: es decir, todos los días.

Sistemáticamente: con un plan de lectura que abarque toda la Biblia.

Meditando: pensando en lo que ha leído.

Orando: pidiendo ayuda al Autor de la Biblia.

Se desea más ejemplares de este Registro de Lectura, escriba a:

Ediciones Crecimiento Cristiano
Casilla 3
5903 Villa Nueva (Cba.)
Argentina

Nota:

Recomendamos recortar este Registro y llevarlo en su Biblia. Será una ayuda para establecer un programa sistemático de lectura bíblica.

Génesis	1	2	3	4	5	6	7	8	9	10	11	12	13	14	15	16
	17	18	19	20	21	22	23	24	25	26	27	28	29	30	31	32
	33	34	35	36	37	38	39	40	41	42	43	44	45	46	47	48
	49	50														
Éxodo	1	2	3	4	5	6	7	8	9	10	11	12	13	14	15	16
	17	18	19	20	21	22	23	24	25	26	27	28	29	30	31	32
	33	34	35	36	37	38	39	40								
Levítico	1	2	3	4	5	6	7	8	9	10	11	12	13	14	15	16
	17	18	19	20	21	22	23	24	25	26	27					
Números	1	2	3	4	5	6	7	8	9	10	11	12	13	14	15	16
	17	18	19	20	21	22	23	24	25	26	27	28	29	30	31	32
	33	34	35	36												
Deutoronomio	1	2	3	4	5	6	7	8	9	10	11	12	13	14	15	16
	17	18	19	20	21	22	23	24	25	26	27	28	29	30	31	32
	33	34														
Josué	1	2	3	4	5	6	7	8	9	10	11	12	13	14	15	16
	17	18	19	20	21	22	23	24								
Jueces	1	2	3	4	5	6	7	8	9	10	11	12	13	14	15	16
	17	18	19	20	21											
Rut	1	2	3	4												
1 Samuel	1	2	3	4	5	6	7	8	9	10	11	12	13	14	15	16
	17	18	19	20	21	22	23	24	25	26	27	28	29	30	31	
2 Samuel	1	2	3	4	5	6	7	8	9	10	11	12	13	14	15	16
	17	18	19	20	21	22	23	24								
1 Reyes	1	2	3	4	5	6	7	8	9	10	11	12	13	14	15	16
	17	18	19	20	21	22										
2 Reyes	1	2	3	4	5	6	7	8	9	10	11	12	13	14	15	16
	17	18	19	20	21	22	23	24	25							
1 Crónicas	1	2	3	4	5	6	7	8	9	10	11	12	13	14	15	16
	17	18	19	20	21	22	23	24	25	26	27	28	29			
2 Crónicas	1	2	3	4	5	6	7	8	9	10	11	12	13	14	15	16
	17	18	19	20	21	22	23	24	25	26	27	28	29	30	31	32
	33	34	35	36												
Esdras	1	2	3	4	5	6	7	8	9	10						
Nehemías	1	2	3	4	5	6	7	8	9	10	11	12	13			
Ester	1	2	3	4	5	6	7	8	9	10						
Job	1	2	3	4	5	6	7	8	9	10	11	12	13	14	15	16
	17	18	19	20	21	22	23	24	25	26	27	28	29	30	31	32
	33	34	35	36	37	38	39	40	41	42						

Salmos	1	2	3	4	5	6	7	8	9	10	11	12	13	14	15	16
	17	18	19	20	21	22	23	24	25	26	27	28	29	30	31	32
	33	34	35	36	37	38	39	40	41	42	43	44	45	46	47	48
	49	50	51	52	53	54	55	56	57	58	59	60	61	62	63	64
	65	66	67	68	69	70	71	72	73	74	75	76	77	78	79	80
	81	82	83	84	85	86	87	88	89	90	91	92	93	94	95	96
	97	98	99	100	101	102	103	104	105	106	107	108	109	110	111	112
	113	114	115	116	117	118	119	120	121	122	123	124	125	126	127	128
	129	130	131	132	133	134	135	136	137	138	139	140	141	142	143	144
	145	146	147	148	149	150										
Proverbios	1	2	3	4	5	6	7	8	9	10	11	12	13	14	15	16
	17	18	19	20	21	22	23	24	25	26	27	28	29	30	31	
Ec.	1	2	3	4	5	6	7	8	9	10	11	12				
Cantares	1	2	3	4	5	6	7	8								
Isaías	1	2	3	4	5	6	7	8	9	10	11	12	13	14	15	16
	17	18	19	20	21	22	23	24	25	26	27	28	29	30	31	32
	33	34	35	36	37	38	39	40	41	42	43	44	45	46	47	48
	49	50	51	52	53	54	55	56	57	58	59	60	61	62	63	64
	65	66														
Jeremías	1	2	3	4	5	6	7	8	9	10	11	12	13	14	15	16
	17	18	19	20	21	22	23	24	25	26	27	28	29	30	31	32
	33	34	35	36	37	38	39	40	41	42	43	44	45	46	47	48
	49	50	51	52												
La.	1	2	3	4	5											
Ezequiel	1	2	3	4	5	6	7	8	9	10	11	12	13	14	15	16
	17	18	19	20	21	22	23	24	25	26	27	28	29	30	31	32
	33	34	35	36	37	38	39	40	41	42	43	44	45	46	47	48
Daniel	1	2	3	4	5	6	7	8	9	10	11	12				
Oseas	1	2	3	4	5	6	7	8	9	10	11	12	13	14		
Joel	1	2	3													
Amós	1	2	3	4	5	6	7	8	9							
Abdías	1															
Jonás	1	2	3	4												
Miqueas	1	2	3	4	5	6	7									
Nahum	1	2	3													
Habacuc	1	2	3													
Sofonías	1	2	3													
Hageo	1	2														
Zacarías	1	2	3	4	5	6	7	8	9	10	11	12	13	14		
Malaquías	1	2	3	4												

Una nueva vida

I

Introducción

El cristiano tiene una relación con Dios que determina todo su ser, desde su manera de pensar, hasta su manera de actuar. Su vida es más que tener una religión. Tiene un estilo de vida distinto.

Al comenzar la vida cristiana somos como "niños" recién nacidos. Tenemos vida, pero necesitamos ayuda para crecer. Esta serie de estudios va explorando algunos de los temas principales de la vida cristiana, temas que necesitamos entender y vivir para avanzar en ese camino que nos lleva hacia la madurez.

Para realizar este estudio, podemos utilizar cualquier traducción, o versión de la Biblia. Pero cuando se hace en grupo, es preferible que todos tengan la misma versión.

Indice de temas

1

Las dos familias

Decimos en la introducción que ser cristiano es tener una nueva relación con Dios, una relación que determina todo nuestro ser y hacer. Ahora deseamos explorar esa relación. Profesamos ser cristianos, pero, ¿qué hicimos nosotros para lograrlo? ¿Qué hizo Dios? ¿Cuál es la diferencia esencial entre un cristiano y cualquier otra persona? Estas son las preguntas que trataremos de responder.

Todas las personas que han vivido, y viven, en este mundo pertenecen a una de dos grandes familias. Cada una tiene su padre y características propias. Veamos un pasaje de la Biblia que habla de ambas: 1 Juan 3:7-10. Busque este pasaje, y léalo detenidamente dos veces.

El pasaje habla de los hijos del diablo, y de los hijos de Dios. Busquemos las diferencias entre estos dos grupos.

1 Anote en el siguiente espacio todo lo que aprendemos en este pasaje acerca de los hijos del diablo.

2 Ahora hagamos lo mismo con los hijos de Dios, utilizando el mismo párrafo.

¿Se ha dado cuenta que estos grupos no solamente tienen padres diferentes, sino que también tienen vidas diferentes? Es importante la afirmación del versículo 8: **el Hijo de Dios vino para destruir las obras del diablo**. Jesucristo vino tanto para anular la obra de Satanás como deshacer el poder del pecado en nuestras vidas.

Otro pasaje de la Biblia donde Jesús habla del mismo tema se encuentra en Juan 8:38-44. Busque este pasaje y léalo dos veces.

Los judíos se sentían orgullosos por su parentezco con Abraham. Abraham era el primero de su raza, el hombre a quien Dios había seleccionado para recibir sus promesas.

3 Pero Jesús les dice que en realidad, Abraham no era su padre, y explicó por qué. ¿Qué razones les da Jesús?

4 En este pasaje Jesús nos explica otras características del diablo, y como consecuencia de sus hijos.

a) ¿Cúales son?

b) Ellos pensaban que eran hijos de Dios, sin embargo eran hijos del diablo. ¿Le parece que en la actualidad la gente se engaña de la misma manera? Explique su respuesta.

5 Según este mismo pasaje, ¿qué hacen los que son verdaderos hijos de Dios?

6 ¿Qué opina usted? ¿Es posible tener una manera de vivir parecida a la de los hijos de Dios, sin serlo?

Hay personas que afirman que todo ser humano es hijo de Dios, pero según lo que hemos visto, esto no es cierto. Porque hay dos familias, la de Dios, pero también la del diablo. Según nuestra familia, así también será nuestra manera de vivir.

Veamos unos versículos más que tratan el tema: Gálatas 4:4-7.

7 Según este pasaje, ¿cuáles son las características especiales de los hijos de Dios?

En las siguientes lecciones veremos algunos de los privilegios que tenemos como hijos de la familia de Dios. Muchas personas piensan que Dios es su padre, pero viven una vida esclavizada al pecado. Y es importante que siendo hijos de Dios, vivamos de acuerdo al honor de nuestra familia.

Terminamos esta lección haciendo un pequeño trabajo.

8 Explique, según lo estudiado en esta lección hasta aquí, qué quiere decir este corto enigma:

Todos nacimos en una familia,
y todos podemos nacer en otra.
Todos los que nacimos en dos familias,
realmente somos de una sola.

2

Muertos que viven

En esta lección veremos otro pasaje de la Biblia que describe el contraste entre las personas sin Cristo, y las que son de él. En 2 Corintios 5:17 Pablo dice a los que creemos, que somos nuevas personas o "nueva creación" (NVI). La tarea urgente es entender qué clase de personas hemos de ser, y comenzar a vivir una vida que responda a esa condición.

El pasaje de la Biblia que vamos a ver es Efesios 2:1-7. Léalo dos o tres veces, y si es posible, en más de una versión.

Podemos dividir este pasaje en dos partes. Primero, los versículos 1 a 3 presentan un cuadro de nuestra condición antes de conocer a Cristo: estábamos muertos. Y luego los versículos 4 a 7 que ofrecen un gran contraste: "Pero Dios..." y nos explica lo que Dios ha hecho para que tengamos vida.

Pensemos primero en lo que éramos al estar muertos. En la Biblia encontramos tres clases de muerte:

⇨ La muerte física, es decir, la muerte del cuerpo.
⇨ La muerte espiritual, que es el tema de este pasaje.
⇨ La muerte eterna, que es la separación final y permanente de Dios.

1 Busquemos en los versículos 1 a 3 las diferentes características de la persona que está muerta espiritualmente. Haga una lista de lo que éramos y hacíamos antes de que Dios interviniera en nuestras vidas.

2 El pasaje dice que estábamos muertos, sin embargo, ¡éramos muy activos! ¿Cómo define usted la muerte espiritual, según este pasaje?

La muerte espiritual está vinculada a nuestra relación con Dios. Es posible entonces que haya personas muy activas en su religión, pero que a la vez están muertas en su relación con Dios.

El "Pero" del versículo 4 es sumamente importante. Señala el gran contraste entre nuestra relación anterior con Dios, y la actual. Entre lo que éramos y lo que somos.

3 Según los versículos 4 a 7,

a) ¿Qué hizo Dios en nuestras vidas?

b) Dos veces en estos versículos se repite la palabra "gracia" (en la versión Reina-Valera de la Biblia). Busque el significado de esta palabra en un diccionario.

c) ¿La gracia de Dios significa que él no toma en cuenta nuestros pecados? Explique.

4 En estos versículos encontramos tres veces la palabra "Cristo" (o Cristo Jesús). Describa, *en sus propias palabras*, según estos mismos versículos, la relación que ahora tenemos con Jesucristo.

Tenemos vida, una vida que la gente del mundo no tiene. Es una vida que proviene de Dios mismo, gracias a su amor y misericordia.

¡Qué horrible es, estar muerto sin darse cuenta! ¡Y que bueno es para nosotros, saber que vamos a compartir las riquezas de los siglos venideros con Jesucristo mismo!

Hasta ahora hemos estudiado dos maneras en que la Biblia describe a las personas sin Cristo: son hijos del diablo, y están muertos. Además de estas hay otras descripciones, pero solamente veremos tres.

5 Según los siguientes pasajes bíblicos, ¿cómo son las personas sin Cristo?

a) 2 Corintios 4:4

b) Romanos 5:10

c) Juan 8:34

6 De estas cinco descripciones que hemos visto, ¿cuál es la que mejor expresa *su* vida y experiencia antes de llegar a ser un hijo de Dios? Si tuviera que seleccionar una, ¿cuál sería, y por qué?

7 En estas dos lecciones se nos afirma que si somos de Cristo, tenemos una nueva vida. En base a lo que hemos estudiado hasta ahora, ¿cómo le explicaría a una persona que no sabe nada de la fe evangélica, que usted realmente *tiene* una nueva vida?

3

Lo que hacemos

Somos hijos de Dios porque hemos respondido a su mensaje, al mensaje del evangelio. Hemos dicho un "sí" verdadero a Dios, y como consecuencia, él ha comenzado una obra de renovación en nuestras vidas.

Pero tenemos que pensar más detenidamente en esta respuesta, ya que hay demasiadas personas que piensan que son hijos de Dios, pero se engañan a sí mismas.

La respuesta que Dios exige comprende por lo menos tres aspectos. Estos están relacionados con la mente, el estilo de vida, y la voluntad. Examinémoslos en más detalle.

La mente

1 **La esencia misma del pecado**, la encontramos en Romanos 1:21. ¿Cuál es la actitud equivocada del hombre?

La palabra que comúnmente se usa para el cambio de mente, y que aparece en muchas versiones de la Biblia, es "arrepentirse". Arrepentirse significa cambiar de idea, de actitud; es pensar en Dios de otra manera, darle el principal lugar en nuestra vida. Es la idea que Pablo expresa bien en Romanos 12.2.

2 Piense en su propia experiencia. ¿Qué actitud debió cambiar usted para acercarse a Dios en Jesucristo?

El estilo de vida

Dios no solamente nos pide un cambio de actitud, sino que también nos exige un nuevo rumbo para nuestra vida. A este cambio se lo denomina "convertirse".

Muchas personas piensan que convertirse es cambiar de religión, pero la idea bíblica no es esa. El verbo significa: volverse, regresar. Es como cuando una persona toma un camino equivocado, se da cuenta de su error, y vuelve para tomar el camino correcto.

En una parábola el Señor Jesús ilustra el significado de arrepentirse y el de convertirse. Busque Lucas 15:11-24.

3 Piense en el significado de las palabras "arrepentirse" y "convertirse".

a) ¿En qué versículo de esta parábola está el concepto de arrepentirse?

b) ¿En qué versículo de esta parábola se encuentra el concepto de convertirse?

La voluntad

Aunque a primera vista no parece haber una relación entre voluntad y fe, las dos cosas están unidas. No nos damos cuenta de esa relación, porque generalmente no sabemos qué es la fe. Para verificarlo, veamos a continuación cuatro opiniones de la fe que no son bíblicas.

⇨ Tener fe es ser muy optimista, y no permitir que los problemas de la vida nos desanimen.
⇨ La fe es una capacidad para la creencia religiosa que algunas personas tienen y otras no.
⇨ Tener fe es convencerse que una cosa imposible es la verdad. Cuánto más imposible sea ella, mayor es la fe que necesitamos para creerla.
⇨ Tener fe es sencillamente aceptar que una cosa es verdad.

4 ¿Era su fe antes de conocer a Cristo parecida a uno de estos cuatro ejemplos? Explique cómo era.

Aunque muy a menudo encontramos estas opiniones, y otras parecidas, el problema es que ninguna de estas es la fe bíblica. Hay dos cosas que debemos destacar de la fe verdadera:

Primero: La fe no es solamente algo que pensamos; es además obediencia. Si realmente tenemos fe en Dios, haremos lo que nos pide. Jesús, por ejemplo, lo dijo en Juan 14:21.

Tenemos un ejemplo muy interesante de este contraste (fe de mente, fe de obediencia) en Santiago. 2:19.

5 Los demonios de Santiago 2:19 "creen" en Dios, sin embargo tienen miedo de él. ¿Por qué?

Segundo: La fe tiene un objeto, que es Jesucristo. Tener fe es más que estar de acuerdo con el evangelio, o "aceptar la salvación". Tener fe es confiar en una persona.

Un pasaje bíblico que habla de eso es Juan 1:11-13. Lea detenidamente estos tres versículos porque dicen varias cosas importantes. Por un lado, dividen el mundo en dos grupos (como hicimos nosotros en la lección 1), los que reciben a Jesucristo y los que no le reciben. Además destacan que los hijos de Dios reciben su vida de Dios mismo.

Juan dice que creer en Jesús equivale a recibirlo (v. 12). Esto nos llama la atención, ya que a menudo se oyen comentarios parecidos al siguiente, acerca de lo que significa recibirlo:

> *Recibir la vida es como recibir un regalo. Si alguien nos ofrece una moneda, lo único que tenemos que hacer es extender nuestra mano y tomarla. Igualmente, la fe cristiana es recibir el regalo que Dios nos ofrece.*

Pero, ¿se fijó que hay un error básico en este comentario? El versículo bíblico no dice que recibimos un regalo, ni una "cosa", sino a una persona. Lo recibimos a él, al Señor de todo, a quien toda la creación tendrá que someterse.

6 ¿Qué diferencias importantes hay entre recibir un regalo (una cosa) y recibir a una persona?

Hagamos una pregunta más sobre la fe, que resuma lo que hemos dicho en esta lección. Si en este momento salimos a la calle y le preguntamos a la gente: "¿Cree usted en Jesucristo?", es casi seguro que todos nos van a contestar "por supuesto". Sin embargo, sabemos que no son hijos de Dios.

7 ¿Qué diferencias hay entre la fe de esas personas y la fe bíblica?

En 2 Corintios 13:5 Pablo nos exhorta a examinar nuestra fe.

8 ¿Tengo una fe asentada en mi mente, vida y voluntad? ¿Cómo puedo saber si mi fe es verdadera?

4

Lo que hace Dios

Vimos en la lección anterior que Dios espera de nosotros arrepentimiento, conversión y confianza en Jesucristo. Pero luego, ¿qué hace Dios en respuesta a nuestra fe? ¿Qué es lo que hace en nosotros para que seamos diferentes a la gente que nos rodea?

La Biblia describe esa obra de Dios de varias maneras, tres de las cuales vamos a examinar.

La **primera** es que Dios nos **compró**. Lo vemos, por ejemplo, en pasajes como 1 Corintios 6.20 y 7.23.

1 ¿Qué implica para nuestra vida cristiana el hecho de que hemos sido comprados?

En algunas versiones de la Biblia también se utiliza la palabra "rescate" para describir esa compra de parte de Dios. (Por ejemplo, 1 Pedro 1.18)

2 ¿Por qué es apropiada la palabra "rescate" para describir lo que Dios ha hecho por nosotros?

La **segunda** manera en que la Biblia describe la obra de Dios es que él nos *engendró*. Sabemos lo que significa "engendrar" en la vida cotidiana.

3 ¿Qué implicaciones tiene este hecho cuando lo aplicamos a la vida cristiana?

4 Lea Juan 1:11-13. Explique en sus propias palabras por qué medios es imposible ser engendrados.

5 El ser engendrados tiene varias aplicaciones prácticas para nuestra vida. Damos un ejemplo;

Podemos comenzar un "nuevo capítulo" en la vida. Dios nos ha perdonado el pasado. Lo podemos "enterrar", y comenzar de nuevo.

¿Qué otro ejemplo(s) puede dar usted?

Tercero: Dios nos salvó, concepto que encontramos muchas veces en el Nuevo Testamento. "Salvar" es una palabra que usamos diariamente para una variedad de situaciones, desde el deporte, hasta la política. Es una palabra amplia, y por ello es una buena descripción de la obra de Dios en nuestras vidas.

6 Veamos unos ejemplos de este significa "amplio" de la palabra salvar.

a) ¿Qué significa "salvar" en los siguientes casos?

Mateo 8:25

⇨ Mateo 16:25

⇨ Mateo 27:40

b) Según los siguientes versículos, ¿cuándo nos salva Dios?

⇨ Romanos 13:11

⇨ Tito 3:4-5

⇨ 1 Pedro 1:5 y 9

⇨ 1 Pedro 2:2

c) ¿Qué conclusión podemos sacar de estas citas?

La salvación de Dios no se limita a una experiencia de nuestro pasado; también afecta nuestro presente.

7 Muchos de nosotros podemos mirar atrás en nuestra vida espiritual, y decir "de tal situación o problema, me salvó Dios". ¿Puede recordar alguna situación de la cual Dios lo haya liberado?

La Biblia describe otras maneras en que Dios obra en nuestras vidas según nuestra respuesta al evangelio de su Hijo. Nos justifica, nos renueva, nos hace herederos, etc. Al comenzar a comprender todo lo que Dios hace a nuestro favor, ¿qué más podemos hacer sino agradecerle con todo nuestro ser, y servirle con todas nuestras fuerzas?

5

La justificación

La justificación es un tema clave en el Nuevo Testamento. Una buena parte del libro de Romanos y también de Gálatas se ocupa de él. En ellos se trata un problema que todos tenemos que enfrentar: ¿Cómo puede el hombre imperfecto, pecador, ser justo, inocente, delante de un Dios perfecto? No nos damos cuenta de la magnitud del problema hasta el momento en que comenzamos a conocer a Dios y su Palabra.

En la mayoría de las versiones de la Biblia, los versículos que vamos a analizar utilizan la palabra "justificar" o "justificación". Aunque la Versión Popular (Dios llega al hombre, o Dios habla hoy) dice "librar de culpa" o "declarar libre de culpa", la idea es la misma. Para hacer este estudio debemos tener en cuenta esta diferencia en las traducciones.

Primero, necesitamos reconocer que tenemos:

Un Dios justo

En Romanos 2.16 Pablo habla del "día en que Dios juzgará los secretos de todos por medio de Cristo Jesús, conforme al evangelio que yo anuncio." Decir, entonces, que Dios es justo es decir que no tolera la injusticia, la mentira, la falsedad.

Hay personas que afirman: "pero Dios es un Dios de amor, y no juzgará a nadie". Pero aunque Dios es amor, su amor no anula la justicia. Por ejemplo, la justicia de Dios quiere decir que:

⇨ No favorece a nadie. "No hay acepción de personas para con Dios (Romanos 2:11). Nadie tiene ventajas delante de él, ya sea por lo que es, o por lo que tiene.

⇨ No recibe sobornos. No hay como ganar su favor por lo que hacemos.

⇨ Siempre actúa según lo que su propia ley demanda. La ley de Dios sigue vigente a pesar de que la gente no la tome en serio.

1 ¿Qué consecuencias tiene para nosotros el hecho de que Dios es justo? Ver Romanos 1:18, 2:5 y 3:19,20.

El hombre pecador

Ya vimos algo de la situación del hombre "natural", el hombre sin Cristo: muerto, hijo del diablo, esclavo, ciego; todos estos términos explican cómo es el ser humano. Pero tal vez la palabra que mejor lo resume es "pecador".

Somos pecadores, sencillamente porque no cumplimos la voluntad de Dios. Y lo peor, es que nadie ha cumplido cabalmente la voluntad de Dios, excepto el Señor Jesucristo. Las personas que dicen que no son pecadoras, no conocen a Dios ni tampoco se conocen a si mismas (1 Juan 1:8-10 lo afirma con toda claridad).

2 Miremos otra vez Romanos 3:19,20. Según estos versículos, ¿con qué propósito fue escrita la ley de Dios?

Es importante notar que según Romanos 6:23, "el pago", o sea, la consecuencia del pecado es la muerte.

3 Teniendo en cuenta la distinción que hicimos de la muerte en la lección dos, ¿de qué muerte habla Romanos 6:23?

Hasta ahora, entonces, tenemos dos conclusiones:

⇨ El Dios justo juzga a los pecadores, a los que no cumplen cabalmente su verdad.

⇨ Somos pecadores, todos nosotros, y merecemos el juicio de Dios.

La justificación

La palabra justificación en el Nuevo Testamento se usa principalmente en el sentido legal. Es decir, cuando un juez determina la suerte de un reo y lo declara libre de culpa, el reo ha sido "justificado", perdonado.

En nuestro caso, Dios, el Juez de todo ser viviente, da el fallo. El hombre culpable aparece frente al Juez divino, y él lo declara justificado, lo libra de la culpa de su pecado.

Es importante destacar que ser justificado no es ser perfecto. La palabra justificación tiene que ver con las demandas de la ley de Dios. Son las demandas de un Dios justo que exige que los pecadores paguen lo debido por sus pecados (la muerte). La justificación describe el fallo legal de Dios que nos libra de culpa.

4 Veamos nuevamente Romanos 3:19-24, donde declara varios detalles importantes en cuanto a nuestra justificación. Termine cada frase.

a) Según estos versículos, no podemos ser justificados por:

b) El hombre para ser justificado debe:

c) La justificación nos cuesta a nosotros:

El medio de la justificación

Otra vez tenemos quie enfrentar la pregunta: ¿Cómo puede Dios, siendo justo, perdonar al pecador? Nosotra Biblia afirma que lo hace a través de Jesucristo. Conviene, entonces, preguntarnos: ¿Qué hizo Jesús para lograr nuestra justificación?

5 La primera respuesta viene de Romanos 5:6 y 8. ¿Cómo responden estos versículos a la pregunta?

Sabemos que Cristo murió, y por qué. Hemos visto también que al entregarnos a Cristo, Dios nos pone en unión con él: estamos *en* Cristo. Romanos 6:6-8 nos da la otra parte de la solución.

6 ¿Cómo resolvió Dios, entonces, el problema de nuestros pecados, según Romanos 6:6-8?

El resultado

Cuando entendemos lo que Cristo ha hecho, y nuestra relación con él, el problema ya no es tan difícil. Pablo en otro lugar (1 Corintios 1:30) dice que Cristo es nuestra justificación, él es el medio por el cual somos librados de culpa. No hemos hecho, ni podemos hacer nada para que Dios nos justifique. Dios nos justifica por lo que Cristo hizo en nuestro lugar. Si soy de Cristo, entonces Dios me justifica por medio de él.

7 Veamos un pasaje más, Romanos 5:1-5. ¿Cuáles son los resultados de nuestra justificación?

8 Trate de resumir el tema de la justificación escribiendo un párrafo breve en sus propias palabras, que responda a la pregunta: "¿Cómo puede el hombre imperfecto, pecador, ser justificado delante de un Dios perfecto, justo?"

6

Los resultados

Vemos que Dios hace una obra en los que confían en él. También podemos ver los resultados de esa obra. En el Nuevo Testamento encontramos tres descripciones de lo que somos ahora. la primera es que somos:

Templos

Busque 1 Corintios 6:19,20. Estos versículos dicen que el Espíritu Santo viene a vivir en todos los que pertenecemos a Dios.

1 El Señor habló mucho de esto, y el evangelio de Juan nos ayuda a entender lo que es ser templo del Espíritu. Busque Juan 14:16, 17 y 26, y conteste las siguientes preguntas sobre el Espíritu Santo:

a) ¿Qué otros nombres le da Jesús?

b) Según Jesús, ¿qué hace el Espíritu Santo?

c) ¿Hasta cuando estará el Espíritu con nosotros?

Observe que 1 Corintios 6:19 no dice que somos "casa" del Espíritu Santo, sino "templo". En la Biblia, "templo" normalmente se usa para describir el lugar donde vive Dios. Es un lugar sagrado.

2 ¿Qué significado especial tiene el hecho de que seamos "templo" del Espíritu, y no meramente "casa"?

3 Según Pablo en 1 Corintios 6:20, debemos glorificar, u honrar a Dios en nuestro cuerpo. ¿Qué significa esto? ¿Cómo lo aplicamos a la vida cotidiana?

¡Qué fantástico es saber que Dios vive en nosotros! Esto implica, por un lado, que nunca estamos solos. Y, por otro, que no podemos hacer nada a escondidas, o en secreto. ¡Que gran responsabilidad y privilegio tenemos de ser templo del Espíritu!

Nueva creación

La segunda descripción la encontramos en 2 Corintios 5:17. Algunas versiones de la Biblia dicen que somos "nuevas criaturas", otras, "nuevas personas", pero en el original griego significa literalmente "nueva creación". Los que pertenecemos a Cristo somos una nueva creación de Dios, algo que nunca existió anteriormente.

4 Juan 3:3-8 explica cómo se logra esto. Según estos versículos:
a) ¿Cuál es la "vieja" creación?

b) ¿Qué nos hace una nueva creación?

Otra vez nos enfrentamos con esa profunda división que hay en la humanidad, un tema muy repetido en el Nuevo Testamento. Afirma que de la misma manera que el primer Adán (el de Génesis) fue el origen de la raza humana, así también el segundo Adán (Cristo) es el origen de una nueva raza, una nueva creación (note, por ejemplo, 1 Corintios 15:45 a 49).

En la última parte de 2 Corintios 5:17 dice que para nosotros, "las cosas viejas pasaron; he aquí todas son hechas nuevas".

5 ¿Puede usted decir que esto es cierto en su vida? ¿De qué manera todas las cosas son nuevas para usted?

Santos

La tercera descripción está en 1 Corintios 1:2. Dice Pablo que todos los que hemos invocado a Cristo Jesús, somos llamados a ser "santos". (La Versión Popular dice "consagrados a Dios". Aunque la idea es parecida, la palabra "santo" tiene un sentido más amplio). Según la Biblia somos santos, aunque no en el mismo sentido que le da la iglesia popular.

6 Según el pensamiento general de la gente, ¿qué es ser "santo"?

La palabra santo en la Biblia significa "separado". Es alguna cosa o persona apartada del resto de las cosas o de las personas. Somos santos porque hemos sido separados de los demás.

7 Ahora vamos a hacer una lista de aspectos que nos separan de las demás personas. En a) y b) hay dos características que se aplican a nosotros, los hijos de Dios, y que nos hacen diferentes de la gente que nos rodea. Pero además de ellas, usted debe agregar en c) a h) todas las otras características que pueda, en base a lo que hemos estudiado en las lecciones anteriores.

a) Filipenses 3:20

b) 1 Pedro 2:10

c)

d)

e)

f)

g)

h)

Al considerar los resultados de la pregunta siete, seguramente nos damos cuenta que nuestra relación con Dios y con el mundo ha cambiado, pero para llegar a ser lo que Dios quiere que seamos, tenemos todavía un largo camino por delante.

En un sentido, ya somos santos por la obra de Dios en nuestras vidas. Pero en otro sentido debemos luchar para ser santos así como Dios es santo (ver 1 Pedro 1:15,16). Porque Dios también es santo, pero de una manera muy especial. El es santo porque está **totalmente** separado de la maldad o suciedad, del pecado de este mundo.

Entonces, cuando "santo" se refiere a Dios, es ser perfecto. Su meta es que nosotros también llegamos a ser cada vez más santos, personas que cumplamos alegremente todo lo que Dios nos pide, y personas en las cuales van desapareciendo los rasgos del pecado que nos distorcionan.

8 En base a 2 Corintios 7:1, 1 Pedro 1:14-16 y todo lo que estamos estudiando en estas lecciones, ¿qué debemos hacer para llegar a ser santos?

Somos personas sumamente afortunados por el privilegio que tenemos de ser hijos de Dios. Todo lo que somos y tenemos viene de él. Que el Señor nos ayude a vivir lo que hemos aprendido.

7

Vivir en Cristo

Si comparamos la vida cristiana con una rueda, nos ilustra un principio muy importante. Al observar este gráfico vemos que la vida cristiana gira alrededor de Jesucristo.

1 Piense la relación que hay entre una rueda y su eje.

a) ¿Qué funciones tiene el eje?

b) ¿Cómo podemos aplicar esto a la vida cristiana?

Así como una rueda sin eje no sirve para nada, de la misma manera no hay vida cristiana sin Cristo. Ser cristiano, es tener a Cristo en el centro de toda nuestra vida.

2 Hablamos anteriormente de recibir a Cristo. Colosenses 2:6,7 nos señala qué cosas debemos hacer luego de haberlo recibido. Anótelas a continuación.

a)

b)

c)

d)

e)

3 Tomando estos imperativos de la pregunta
anterior en forma conjunta, explique en sus
propias palabras lo que significan en la práctica. ¿Cómo podemos vivir estos versículos?

Otro pasaje que habla de nuestra relación con Cristo es Colosenses 3:1-4.

4 Según este pasaje, ¿qué cosas forman parte
de nuestro pasado si somos de Cristo?

a)

b)

c)

5 Según el mismo pasaje, ¿qué cosas debemos
hacer en el presente?

a)

b)

6 Por último, ¿qué nos espera en el futuro?

Pero hay otra consecuencia relacionada con la vida en Cristo. Busque 2 Corintios 2.14-16.

7 ¿Qué implican estos versículos para su vida?
¿Hablan de algo que somos, o algo que debemos hacer?

En Colosenses 3.4 vimos que Cristo es nuestra vida. Si estamos unidos a él tenemos todo; sin él nada tenemos, y todo el Nuevo Testamento afirma: la vida cristiana nace de nuestra relación con Cristo.

C

Conclusión

Hemos terminado este estudio, pero nos gustaría hacer una última pregunta.

1 De todo lo estudiado en estas siete lecciones:

a) ¿Cuál es el aspecto que más le llamó la atención?

b) ¿Algo de este estudio le ayudó a resolver algún problema que tenía? Explique.

c) Al concluir este estudio, ¿cómo describe su relación con Jesucristo?

La vida cristiana comienza cuando entablamos una relación con Cristo. El es el punto de partida; vivir la vida cristiana es vivir en continua relación con él. Deseamos que ahora entienda mejor lo que Jesús quería decir cuando expresó:

Yo soy el camino, y la verdad, y la vida; nadie viene al Padre sino por mí.

Este estudio es meramente un principio, y por lo tanto, hay mucho más que tratar sobre el tema. Los estudios siguientes ampliarán aspectos importantes y prácticos de esta vida en Cristo.

Ser discípulos

I

Introducción

Si fuera necesario elegir una sola palabra para describir a un cristiano verdadero, sería la palabra "discípulo". No hay otra palabra utilizada en el Nuevo Testamento que resume mejor nuestra responsabilidad y relación con Dios.

Comparando la vida cristiana con una moneda, existen dos facetas. Por un lado, Dios actúa en nosotros por medio de su Palabra y su Espíritu. Pero por otro, la Biblia insiste en que nosotros también debemos actuar. Ser cristiano es un estilo de vida, una manera de ser que afecta todas las esferas de la vida.

Hasta que no entendamos lo que es ser un discípulo de Jesucristo, no comprendemos todavía la vida cristiana. Y como consecuencia, si no *vivimos* como discípulos de Jesucristo en todos los aspectos del quehacer diario, tampoco estamos viviendo todavía la vida cristiana.

El mandato bíblico es hacer discípulos (Mateo 28:19). Comencemos, pues, aplicando esto a nosotros mismos.

Indice de temas

1

Jesucristo es Señor

Para hablar de discípulos, y de discipulado, debemos comenzar con Jesucristo, porque ante todo, el discipulado tiene que ver con él. Ser discípulo es tener una relación especial con Jesucristo, el Señor, una relación que afecta todos los aspectos de nuestra vida.

Los primeros cristianos fueron esparcidos por todas partes anunciando que Jesucristo es Señor. El Creador mismo vino a la tierra, murió para librarnos del pecado, y resucitó para tomar la posición más alta del universo. Podemos decir que "Jesucristo es Señor" era el lema de la iglesia en sus primeros años. Nosotros estudiaremos qué significa esa frase y cómo debemos responder en nuestras vidas a ese señorío.

El hecho

Vamos a examinar dos pasajes del Nuevo Testamento que nos ayudan a definir el señorío de Cristo. El primero es Hebreos 1:1-4. El párrafo dice que, en contraste con el pasado, en que Dios habló por medio de una variedad de maneras, ahora su mensaje se hace tangible en su Hijo. Luego, en pocas palabras, nos explica quién es ese Hijo. Aunque en este párrafo no encontramos la palabra "Señor", sin embargo está implícita mejor que en cualquier otro.

1 En base a este pasaje ¿qué aprendemos en cuanto a la relación entre Jesucristo y:

a) el universo creado?

b) Dios el Padre?

El segundo pasaje es Filipenses 2:5-11. Es parte de una exhortación para la vida cristiana, pero también una afirmación clara del señorío de Cristo.

2 Según este pasaje, ¿cómo era Cristo antes de hacerse hombre?

3 Observe que el pasaje menciona 4 pasos que Jesús da, desde antes de la creación, hasta la cruz. Son pasos que nos explican lo que Jesús hizo a nuestro favor. Anótelos aquí.

a) Era igual a Dios.

b)

c)

d)

e)

f) La muerte de cruz.

4 Los versículos 9 a 11 nos dicen qué sucedió como resultado de esa humillación de nuestro Señor.

a) ¿Qué hizo Dios?

b) ¿Qué hará todo hombre?

Nos guste o no, Jesucristo **es** Señor. Felices los que lo reconocen ahora. Será horrible enfrentarnos con esa realidad en el juicio de Dios.

La gente del pasado entendería la palabra "Señor" mucho mejor que nosotros en esta época. Vivían en una sociedad de reyes y cortes, y esta palabra para ellos tenía un gran significado.

Pero para la gran mayoría de las personas actualmente, no es así.

5 Supongamos que quiere explicar que "Jesucristo es Señor" a una persona que no es cristiano. ¿Cómo lo haría utilizando otra palabra (o palabras) para que tenga un significado similar para el hombre moderno?

Nuestra actitud

Este pasaje que hemos visto (Filipenses 2.5-11) comienza con un desafío (v. 1)

6 ¿Qué implicaciones tiene este desafío para nuestra manera de vivir? Ver también los versículos 1 a 4.

Nuestra actitud frente al señorío de Cristo es el tema de ser discípulo. Es la consecuencia práctica de ese señorío que penetra en todas las esferas de la vida. Este es el tema en las lecciones siguientes.

2

¿Qué es un discípulo?

Muy pocas veces encontramos en la Biblia la palabra "cristiano". No aparece nunca en los evangelios, y solamente en el libro de los Hechos recién surge como un apodo que la gente dio a los primeros seguidores de Cristo. Pero sí encontramos la palabra "discípulo". Es la que explica cuál es la esencia de la vida cristiana.

Jesús describe qué es ser un discípulo en Lucas 14:25-33. Utilizaremos este pasaje como base para esta lección y las lecciones 3 a 5.

Jesús pide dos cosas en cuanto a sí mismo: debemos "venir a él" y "seguirle" (vv. 26 y 27). Es una demanda, pero una demanda con promesa.

1 Busque los siguientes versículos, e indique en cada uno lo que Jesús ofrece a los que responden a su llamado.

a) Mateo 4:19

b) Mateo 11:28

c) Juan 5:40

d) Juan 6:35

---

e) Juan 6:37

El llamado de Jesús no es solamente "creer", sino también "seguir". Ellos, por supuesto, lo podían hacer literalmente. Caminaban tras Jesús, vivían con él. Podían hacerlo porque el estaba presente físicamente con ellos.

2 Nuestra situación es diferente. Jesús no esta presente físicamente. ¿Qué significa para nosotros hoy "venir a él"? Piénselo bien.

Uno de los pasajes que vimos en la pregunta 1 nos aclara qué es seguir a Jesús. Busque Mateo 11:28-30.

3 En este pasaje, Jesús dice que debemos venir a él. ¿Qué más nos pide?

a)

b)

4 Mateo 11:29 habla del "yugo".

a) ¿Qué es un yugo?

b) ¿Para qué sirve?

c) Al oir hablar de "yugo" un judío hubiera pensado en la ley de Moisés, en los mandamientos. ¿En qué pensamos nosotros, los cristianos?

d) ¿Para qué sirve su yugo en nuestras vidas?

Volvamos nuevamente a nuestro pasaje de estudio para estas lecciones, Lucas 14:25-33. Hemos visto que el llamamiento de Jesús incluye seguirle, y que seguirle trae beneficios para nosotros. Pero Lucas 14 habla de grandes exigencias. Estas las estudiarermos en las lecciones siguientes. Antes debemos aclarar un aspecto.

5 Las instrucciones y exigencias de Jesús que encontramos en Lucas 14 ¿son para un grupo selecto de sus seguidores, para todos sus seguidores, o para todo el mundo? Busque la respuesta en el pasaje.

6 En los versículos 28 a 32 encontramos dos ilustraciones que Jesús da para enseñar una misma lección.
a) ¿Qué nos advierten?

b) ¿Qué tiene que ver esa advertencia con el
   tema del discipulado?

Regresemos a nuestro punto de partida: ¿Qué es un discípulo? Es una persona que se acerca a Jesús, que le sigue, que aprende de él. Es alguien cuya vida gira alrededor de Jesucristo. Y, como consecuencia, determina la relación que tenemos con todas las demás cosas. Ser discípulo es someternos al señorío de Jesucristo, y no hay aspecto de la vida que quede excluído de ese señorío.

3

Ser discípulo

Si bien la esencia de la vida cristiana es seguir a Jesucristo y ser de él, Jesús mismo tiene ciertas exigencias para la persona que desea seguirle. El pasaje que tomamos como base para las lecciones 2 a 5 (Lucas 14:25-33) dice que mi relación con Jesucristo afecta también la relación:

⇨ conmigo mismo (v. 27)
⇨ con la gente que me rodea (v. 26)
⇨ con las cosas que me rodean (v. 33)

En esta lección vamos a ocuparnos del primer aspecto.

En Lucas 14:27 Jesús dice que si no llevamos nuestra cruz, no podemos ser sus discípulos. Esto es algo que tenemos que hacer nosotros mismos; la decisión es personal. El no nos ofrece llevarla, y ningún otro puede reemplazarnos en llevar nuestra propia cruz.

En los días de Jesús, la cruz era un instrumento de muerte. No era algo bello, con un profundo sentido espiritual, que pudiera servir de adorno. No, estaba mas bien en la misma categoría que la horca, o la guillotina. La persona que llevaba una cruz iba hacia una muerte segura.

Para seguir a Jesús, entonces, tenemos que morir. ¡Obviamente no exige que nos suicidemos! ¿Qué es, entonces, lo que nos pide Jesús?

Vimos en el estudio "Vivir en Cristo" que nuestra unión con Jesús es también una identificación con su muerte. En un sentido, ya hemos muerto. Sin embargo, todavía quedan aspectos de nuestras vidas que tienen que morir. Veamos lo que la Biblia nos dice al respecto.

El primer pasaje es en Romanos 6:1-11. Nos interesa principalmente el v. 11, pero debemos verlo todo para entender su contexto.

1 Al leer el pasaje, observamos que hay varias palabras claves, como por ejemplo, bautismo, muerte y pecado. De acuerdo a lo leído, ¿qué tiene que ver:
a) el bautismo con la muerte?

b) la muerte con el pecado?

2 ¿Cómo podemos aplicar el v. 11 a nuestra
vida cotidiana?

En Lucas 9:23, donde Jesús también habla de tomar nuestra cruz, y añade que debemos hacerlo "cada día". Es decir, que no lo hacemos una sola vez para siempre, sino que todos los días tenemos que morir. En consecuencia, Romanos 6:11 describe una actitud hacia la vida que ha de afectarnos diariamente.

3 Otros pasajes hablan de la necesidad de
crucificar algún aspecto de nuestra vida.
Según las siguientes citas, ¿qué es lo que
debe morir en nosotros?
a) Gálatas 5:19-21 y 24 (ponga la idea principal)

b) Gálatas 6:14

La referencia de la pregunta 3 describe en forma más general la naturaleza del hombre. En Colosenses 3:5-11. Pablo especifica cosas que ya tienen que haber desaparecido de nuestras vidas (vv. 5-7) y otras que deberán desaparecer (vv. 8 y 9).

4 Note el v. 11. ¿Cómo nos ayuda este versículo a entender y practicar los vv. 5-10?

5 Este pasaje de Colosenses 3 que vimos en la pregunta anterior habla del "viejo hombre" y del "nuevo hombre". ¿Quiénes son estos dos hombres? ¿Qué diferencias hay entre ellos?

El v. 11 sugiere la meta final de Dios. El está obrando en nuestras vidas para que lleguemos a ser parecidos a su Hijo. Como Pablo dice en Colosenses 1:28, él luchaba a fin de "presentar perfecto en Cristo Jesús a todo hombre". Pero... avanzamos por ese camino bajo una cruz. Alcanzamos la verdadera vida por medio de la muerte.

6 El último versículo que vamos a ver en esta lección es Gálatas 2:20. En él se resume el tema de esta lección. ¿Qué significa para usted este versículo en la vida diaria?

4

El discípulo y otros

Sigamos con nuestro estudio de Lucas 14:25-33. La segunda condición que Jesús impone a quien quiere ser su discípulo es en relación con las demás personas.

Varias versiones de la Biblia dicen en el v. 26 que debemos "aborrecer" a nuestros seres queridos. Pero leyendo Mateo 10:37 (Vea la Versión Popular) se nos aclara la idea de este dicho de Jesús: tenemos que amarle a él más que a cualquier otra persona. No puede haber otra lealtad humana mayor a la que debemos tener hacia Jesucristo.

Miremos el pasaje de Mateo 10:34-39. Aunque es parecido al pasaje de Lucas 14 que estamos estudiando, Mateo agrega algunas cosas importantes.

1 ¿Cuál es la causa del conflicto que Jesús menciona en Mateo 10:34?

Otro pasaje que habla de posibles conflictos es Juan 15:18-21.

2 Según este pasaje, el Señor advirtió varias razones que causan conflictos. ¿Cuáles son?

Hemos visto que nuestra lealtad a Jesucristo puede crear reacciones negativas. Hubo momentos en la historia, cuando el confesar el señorío de Jesucristo implicaba la expulsión del hogar, o a veces la muerte. Hechos que se repiten aún hoy en día en algunas partes del mundo.

Sí, es posible que nos rechacen por ser de Cristo; aún dentro de nuestras propias familias. Pero nosotros no podemos reaccionar de la misma manera. Aunque nuestros familiares nos rechacen tenemos una responsabilidad hacia ellos.

3 Por ejemplo, ¿qué nos dice 1 Timoteo 5.7, 8?

Duele profundamente cuando nuestros "enemigos" son familiares o personas con quienes hemos tenido amistad durante mucho tiempo. Obviamente, no podemos directamente cambiar su actitud, pero sí podemos controlar la nuestra.

Veamos un pasaje en Mateo que nos ayuda saber cómo enfrentarnos con los "enemigos": Mateo 5.43-48. El Señor dice que hay cuatro maneras en que debemos tratar el "enemigo" (versión Reina-Valera). **Primero**, dice simplemente que debemos amarlos.

4 Según este pasaje,

a) ¿Qué motivación tenemos para amarlos?

b) ¿Es algo que sentimos, o algo que hacemos? Explique su respuesta.

5 **Segundo**, debemos "bendecirlos (versión Reina Valera) . ¿Cómo hacemos esto?

Tercero, dice que debemos hacerles bien. Vemos un buen ejemplo de esto en Éxodo 23.4, 5.

6   ¿Cómo aplicamos esto actualmente?

Y **último**, debemos orar por ellos. Un buen modelo es la oración del Señor en Lucas 23.34.

7   ¿Qué quieren decir los vv. 46 y 47 (de Mateo 5) sobre este tema de amar al "enemigo"?

El Señor nos desafía a tratar a los "enemigos" tal como Dios nos ha tratado a nosotros.

Una vez que hayamos sometido todo a Jesucristo, estamos en condiciones de comenzar nuevas relaciones con la gente que nos rodea, y sobre otro fundamento. El hecho de que Jesucristo sea el primero en nuestras vidas no implica que podemos dar la espalda a la gente que nos rodea. Justamente en base a esta relación con él nace una nueva apreciación por otros. Lejos de ser una causa de aislarnos de la gente, ser discípulo de Jesucristo nos enseña a amar a nuestro semejante, y tratarlo con justicia.

5

El discípulo y las cosas

La tercer área de la vida que también debe someterse al señorío de Jesucristo es la de las posesiones, las "cosas". El último versículo del pasaje que hemos utilizado hasta ahora (Lucas 14:25-33) lo dice con toda claridad. Sin renunciar o dejar todo lo que poseemos, no podemos ser discípulos de Jesucristo.

Según el diccionario, renunciar significa: "Hacer abandono voluntario de algo". Es quitar las manos de una cosa, dejar a un lado los derechos que tenemos. Esto no quiere decir que regalemos todas nuestras posesiones para vivir como mendigos en la calle. Pero sí, que a pesar de tener posesiones, no somos más sus dueños. Hemos cedido los derechos de todo lo nuestro a otra persona.

El Nuevo Testamento habla mucho sobre el tema, pero vamos a limitarnos a seis pasajes, que nos dan varias pautas en cuanto a nuestra actitud hacia las posesiones materiales y cómo utilizarlas.

El primer pasaje, aunque no habla directamente de nuestras posesiones, expresa con claridad cómo debemos actuar.

1 ¿Qué principio básico podemos sacar de 1 Corintios 6:19,20 para aplicar a nuestras posesiones materiales?

Esto nos lleva al concepto de "mayordomo" (o administrador) que a menudo se menciona en el Nuevo Testamento. El mayordomo es el encargado de la hacienda, o del negocio de su patrón. Maneja todo como si fuera suyo, sin embargo no es el dueño. Saca lo suficiente para su propio mantenimiento, pero debe rendir cuentas de todo a su patrón. En este sentido, todos nosotros también somos mayordomos de Dios.

2 El segundo pasaje es 1 Timoteo 6:7,8. De aquí podemos sacar dos pautas importantes en cuanto a nuestras posesiones. Estas son:

a)

b)

3 El tercer pasaje es Mateo 6:25-34. Escriba la idea principal.

4 El cuarto pasaje es Filipenses 4:11-13. ¿Qué debemos aprender aquí en cuanto a las posesiones materiales?

5 El quinto pasaje es 1 Timoteo 6:9,10. ¿Qué realidad común con nuestra sociedad encontramos?

6 El último principio que veremos relacionado con las posesiones materiales está en 1 Co-

rintios 16:1,2 y 2 Corintios 9:6,7. ¿Cómo
aplicamos estos dos pasajes a este tema?

7 En Hechos 20:35 hay una frase que está muy
relacionada con la pregunta 6. Se nos afirma
que hemos de ser más felices cuando damos
que cuando recibimos. ¿Cómo explica esto?

Hemos visto varios principios que nos ayudan a entender cómo debemos
"renunciar a todo lo que poseemos".

8 Escriba un párrafo, uniendo las diferentes
pautas que hemos visto, explicando en
términos generales, cuál debe ser nuestra
actitud hacia las posesiones materiales.

6

Dos figuras

Hemos dedicado varias lecciones al estudio de Lucas 14:25-33, como base para elaborar el tema del discipulado. Ahora veremos dos figuras que encontramos en el Nuevo Testamento.

Primera figura: soldado

Varias veces las Escrituras hablan de la vida cristiana como una milicia, y del cristiano como un soldado. Veamos tres pasajes relacionados con el tema.

1 **Primero**: 2 Timoteo 2:3,4

a) ¿Qué característica debe aprender quien
   quiere ser un buen soldado?

b) ¿Cómo aplicamos esta regla a la vida
   cristiana?

Segundo: 2 Corintios 10:3-6. Pablo destaca que no hablamos de una milicia en sentido literal; es decir, no empleamos fusiles contra nadie. Nuestra pelea es a otro nivel.

2 Según este pasaje, ¿cuál es el propósito final
de nuestra lucha?

Tercero: Efesios 6:10-18. Este pasaje nos aclara la naturaleza de nuestra milicia. Luchamos contra los poderes espirituales, contra Satanás y sus huestes. Tomando como ejemplo un soldado de la antigüedad, luchamos contra las fuerzas que tienen exclavizado al hombre. Pero también se nos habla de los elementos de lucha.

3 Según esta figura del soldado (Efesios
6:10-18),
a) ¿Cuáles son los elementos que nos sirven de
protección contra el enemigo?

b) ¿Cuáles son nuestras armas de ataque?

Hay varios aspectos de la vida del soldado que se aplican muy bien a la vida cristiana. Entrenamiento, disciplina, estrategia, son cosas que debemos aprender si queremos ser efectivos contra el enemigo. Es indudable que la lucha existe, también estamos seguros de quién será finalmente el vencedor. Pero nuestro privilegio es poder participar en esa lucha. Depende de nosotros si estamos listos o no para la batalla. No debemos "jugar a ser soldados", sino serlo en realidad.

Segunda figura: atleta

La segunda figura está tomado del campo de deporte. Hay varias cosas que podemos aprender del buen atleta y aplicarlo a la vida cristiana.

4 Comenzamos con 2 Timoteo 2:5. Dice que es necesario que el atleta juegue "legítimamente", es decir, según las reglas. ¿Qué significa esto?

5 ¿Qué sucede si no "jugamos según las reglas"?

Pablo usa otra vez la misma figura en 1 Corintios 9:24-27, pero habla específicamente del atleta en una carrera.

6 Si comparamos la vida cristiana con una carrera, ¿cómo debemos correr?

7 ¿Cómo aplica 1 Corintios 9:27 a la vida cristiana?

Terminamos con un pasaje donde Pablo une las figuras del soldado y del atleta.

8 Lea 2 Timoteo 4:7,8. ¿Qué es lo que Pablo esperaba al final de la carrera?

Disciplina, compromiso, entrenamiento, son términos que se aplican al mundo del deporte y al militar profesional, pero que suenan un poco fuertes en el ambiente de la iglesia. Sin embargo, Pablo los utiliza, desafiándonos a asumir una dedicación absoluta a Jesucristo, dejando atrás todos los posibles estorbos. Nos muestra en las figuras del soldado y del atleta modelos que nos ayudan a seguir adelante hacia la meta de ser buenos discípulos de Jesucristo.

7

La voluntad de Dios

En esta lección tocamos brevemente uno de los temas más urgentes para la vida cristiana. Hemos dedicado varias lecciones al estudio del tema del discípulo, y la pregunta que brota espontáneamente de todo verdadero discípulo es "¿Qué hago Señor?" Si realmente hemos comenzado a conocer a Dios, y a apreciar lo que nos ha dado en Cristo Jesús, el conocer su voluntad y cumplirla se constituye en el aspecto más importante de nuestra vida.

¿Cómo conocer la voluntad de Dios? Dios quiere mostrarnos su voluntad, pero a menudo no estamos en condiciones de recibirla. En este sentido, conocer su voluntad depende de nosotros.

1 Por ejemplo, Romanos 12:1,2 afirma dos condiciones que debemos cumplir si queremos averiguar la voluntad de Dios. ¿Cuáles son?

a)

b)

Si realmente buscamos ser lo que Dios quiere que seamos, si deseamos sinceramente cumplir con todo lo que el nos pide, entonces encontraremos lo que necesitamos saber (Mateo 7:7,8). Hay muchos pasajes que afirman que todo depende de nuestra actitud. Pensemos ahora en tres factores que determinan la voluntad de Dios para nosotros.

Primero: su Palabra

2 Un pasaje que encierra en pocas palabras
mucho del tema es 2 Pedro 1:3,4. Según este
pasaje:
a) ¿Cuáles son las cosas que Dios nos da?

b) ¿Con qué fin nos da esas cosas?

c) ¿Por qué medio nos las da?

Dios nos muestra su voluntad principalmente por su Palabra. Tenemos en ella los principios básicos que rigen la vida privada, el hogar, el trabajo y el mundo. Alguien ha dicho que por lo menos el 90 por ciento de lo que necesitamos saber acerca de la voluntad de Dios ya está revelado en las Escrituras. Ya tenemos lo que necesitamos para vivir una vida sana y digna delante de Dios.

Generalmente, cuando no podemos averiguar la voluntad de Dios en una situación determinada, es porque aún no conocemos suficientemente su Palabra.

Segundo - la oración

Por supuesto, es a Dios mismo a quien debemos pedir que nos enseñe su voluntad. Pero cuando la buscamos en oración, muchas veces podemos caer en una trampa. Pedimos que nos muestre su voluntad, pero con anterioridad tenemos todo decidido. Oramos porque decimos que "Todo creyente debe buscar primero a Dios". Pero en realidad no buscamos lo que él quiere, sino que tratamos de convencerlo de la decisión que ya hemos tomado. .

Busque 1 Juan 3:19-22. Habla de varias condiciones que determinan si Dios nos escucha o no.

3 Si nos limitamos a los versículos 19 a 21,
¿cuál es la condición para que nuestras
oraciones sean contestadas?

---

4 Según todo el pasaje, ¿qué debemos hacer
para estar seguros de que Dios nos contesta?

Tercero: el consejo de otros

Aunque aún no hemos tratado el tema, es necesario recordar siempre que Dios nos ha llamado a formar parte de un pueblo, de una familia. Cuando tenemos un problema, algo que decidir, entonces conviene buscar el consejo de personas que han caminado con Dios más tiempo que nosotros. Proverbios 11:14 dice "...en la multitud de consejeros hay seguridad."

5 Lea, por ejemplo, Hebreos 13:7 y 17. ¿Cuáles
son las condiciones que debe cumplir un
buen consejero?

6 ¿Qué actitud debemos asumir nosotros frente
a alguien que tiene las condiciones necesarias
para ser nuestro consejero espiritual?

Terminamos esta lección con dos conclusiones. Primero, no hemos mencionado "los sentimientos", ya que son engañosos. Es fácil decir "siento que el Señor quiere que haga tal cosa". Pero muchas veces confundimos el sentir nuestro con la voluntad de Dios. De allí surge la importancia de consejeros que caminan con Dios y nos pueden ayudar.

Segundo, las Escrituras enfatizan que lo más importante es lo que somos. Si realmente somos lo que Dios quiere que seamos y tratamos de agradarle, entonces no será muy difícil encontrar lo que debemos hacer.

Qué estas siete lecciones le ayuden a ser un verdadero discípulo de Jesucristo, en su hogar, en su trabajo, en su iglesia y en el mundo.

El bautismo y la Cena del Señor

I

Introducción

En el Nuevo Testamento encontramos un cristianismo sorprendentemente sencillo. Los primeros discípulos celebraban la comunión cristiana en sus hogares, y se reunían para escuchar la Palabra de Dios, orar y participar juntos la Cena del Señor.

Carecían de edificios, bancos, púlpitos, y todo lo que hoy en dia nos parece esencial para realizar las reuniones de la iglesia. Tampoco tenían reuniones de jóvenes, reuniones de damas, escuelas dominicales y otras actividades especiales. No realizaban campañas ni reuniones de evangelización. Vivían un cristianismo despojado de la mayoría de los elementos "religiosos" que actualmente el mundo cristiano considera indispensables.

Pero hay dos aspectos que sí compartimos con ellos, denominados "sacramentos", el bautismo y la Cena del Señor. Ambos han sido una parte esencial de la iglesia desde su nacimiento, y forman parte clave de la vida en comunidad.

Vamos a estudiar este tema desde dos perspectivas. Primero, explorando lo que dice la Biblia de ellos, y también comparándolos con la práctica actual de las iglesias cristianas. Hacemos esto porque estamos convencidos de que constantemente debemos examinar la vida de nuestras iglesias a la luz de las Escrituras.

Indice de temas

1

¿Qué es bautizar?

El bautismo es más antiguo que la fe cristiana. Los judíos que vivieron antes de Cristo ya lo practicaban, y los Evangélios comienzan su relato con "Juan el Bautista", el último de los grandes profetas de Israel. Con el tiempo esta palabra llegó a significar nuestra ceremonia cristiana de bautismo, pero en sus comienzos, no fue así.

Por ejemplo, los judíos bautizaban a los "prosélitos", es decir, a los que no eran judíos y que querían compartir la fe de Israel. Según la ley judía, todos los hombres gentiles tenían que circuncidarse, y además pasar por un lavamiento simbólico (bautismo) antes de poder ofrecer sacrificios en el Templo.

Juan el Bautista también bautizaba a la gente, pero su bautismo tenía un significado particular. Su tarea era anunciar la venida del Mesías (Cristo), y preparar a la gente para su llegada. Leamos Marcos 1:1-8.

1 Según este pasaje, ¿para qué bautizaba Juan a la gente?

2 ¿Qué debía hacer la gente para ser bautizada por él?

El bautismo de Juan era una preparación del pueblo de Israel para la venida de Cristo pero no era el bautismo cristiano. Porque el bautismo cristiano sólo tiene significado a la luz de la muerte y resurrección de Jesucristo.

La palabra "bautizar" puede tener varios significados en el Nuevo Testamento, según el contexto. Por ejemplo, la palabra traducida por "lavar" en Marcos 7:4 es realmente "bautizar". Así puede significar lavar, teñir, sumergir.

Cuando nosotros hablamos del "bautismo" la palabra lleva consigo algunas de esas definiciones, pero para entender el significado del bautismo ***cristiano***, tenemos que ver lo que el Nuevo Testamento dice acerca del tema.

Es el Señor mismo quien anunció la necesidad del bautismo. Busque el mandato del Señor en Mateo 28:19,20.

3 Según estos versículos, ¿a quiénes debe bautizar la iglesia?

La Biblia no nos dice claramente el modo de realizar el bautismo, y en este sentido hay distintas opiniones en el mundo cristiano. En la práctica encontramos tres posibles maneras de bautizar a una persona:

⇨ Rociarla con agua.
⇨ Derramar agua sobre su cabeza.
⇨ Sumergirla completamente bajo el agua.

Pero hay aun otras diferencias entre los grupos cristianos. Por ejemplo, algunas aceptan y practican el bautismo de infantes, otras exigen un re-bautismo aun a los que han sido bautizados como adultos. Algunas bautizan a los nuevos creyentes inmediatamente, mientras otras esperan hasta que los nuevos creyentes muestran evidencias de una verdadera conversión.

Pero vamos a ver varios pasajes que nos aclaran el significado del bautismo para la iglesia recién nacida.

4 Según los ejemplos que tenemos en Hechos 2:41, 8:12, 8:35-38 (versión Reina Valera), 10:47,48, 16:33,34:

a) Generalmente, ¿en qué momento de su vida cristiana fueron bautizados los creyentes en el Nuevo Testamento?

b) ¿Qué impresión dan los siguientes versículos en cuanto a la ***manera*** de bautizar en los tiempos del Nuevo Testamento? Marcos 1:9, 10; Juan 3:23; Hechos 8:36-39.

Ahora, puede ser que su iglesia tenga una práctica diferente. Pero siempre en estos casos nos corresponde acatarnos a la posición de nuestra iglesia.

En realidad, la manera en que nos bautizamos no es tan importante como nuestra *actitud* cuando lo hacemos. Y se puede decir lo mismo para casi toda la vida cristiana. ¿Para qué sirve nuestra profesión de fe si nuestra actitud no la confirma?

5 Romanos 2:25-29 presenta este principio con toda claridad. Si en este pasaje leemos "bautismo" en vez de "circuncisión", ¿qué aprendemos?

Un pasaje que habla del significado interior del bautismo es 1 Pedro 3:20-22. Es un pasaje difícil de interpretar, y vamos a limitarnos ahora a lo que dice en cuanto al bautismo.

6 Según estos versículos:

a) El bautismo *no* es:

b) El bautismo *sí* es:

c) ¿Qué quiere decir esto?

El bautismo es una declaración. Habla del comienzo de una nueva relación con Dios. Aunque es algo "externo" de la persona, tiene un significado muy profundo, como hemos de ver en el siguiente estudio.

7 Como ejercicio final: Si usted ha creído, ¿por qué necesita bautizarse?

2

¿Qué significado tiene?

En la Biblia hay pocos pasajes que nos hablan del significado del bautismo. El más claro es Romanos 6:1-11. Léalo varias veces, y si es posible, en más de una versión de la Biblia. Vamos a utilizarlo como base para esta lección.

Repetimos: el bautismo es una declaración. La persona que se bautiza se expresa no con palabras, sino a través de la acción. **Cuando nos bautizamos estamos haciendo una declaración pública**.

1 En base a Romanos 6:1-11, ¿qué expresamos en el bautismo acerca de nuestra relación con Jesucristo?

2 También en base a este pasaje, ¿qué decimos acerca de nuestra relación con el pecado?

3 ¿Qué decimos acerca del futuro?

4 Explique, en base a los dos pasajes que hemos visto (Romanos 6:1-11 y 1 Pedro 3:20-22), cuál de estas dos afirmaciones es correcta y por qué.

⇨ "Debo vivir una vida recta para ser bautizado."

⇨ "Debo vivir una vida recta porque he sido bautizado."

Hechos 2:41-47 nos cuenta algo acerca del primer grupo de bautizados en la historia de la iglesia.

5 En base a este pasaje:

a) ¿Quiénes fueron bautizados y dónde fueron añadidos?

b) Haga una lista de las cosas que hacían juntos.

6 Como ejercicio final, escriba un párrafo corto (resumiendo la lección) que responda a la pregunta: ¿Qué significado tiene el bautismo?

3

La primera Cena.

Comenzamos la vida cristiana con nuestra entrega a Jesucristo y el bautismo. Pero esos son solamente los primeros pasos. Necesitamos mantener vivo ese primer compromiso, y una manera de hacerlo es por medio de la Cena del Señor.

Para entenderla mejor, debemos comenzar por conocer sus antecedentes. Primero veremos algunos versículos del Antiguo Testamento que nos explican el contexto, es decir, los antecedentes de la primera Cena. Luego, leeremos el pasaje que narra donde Jesus la celebró por primera vez con sus discípulos.

La Pascua

Cuando Jesús se sentó con los apóstoles para celebrar la primera Cena, el motivo del encuentro era la fiesta de la Pascua judía. Nuestra Cena tiene sus antecedentes en esa ceremonia.

El pasaje que narra la iniciación de la Pascua judía se encuentra en Éxodo 12.1-14. Conviene leerlo más de una vez, y si es posible, en más de una versión de la Biblia.

Los israelitas habían sido esclavos en Egipto durante 400 años. Dios había creado una serie de sucesos que iban a culminar con su liberación. Este pasaje de Exodo describe las instrucciones que Dios les dio a ellos antes de sacarlos de Egipto.

1 El cordero era lo más importante de la Pascua.
a) ¿Cómo tenía que ser ese Cordero?

b) ¿Qué tenían que hacer con él?

2 El pasaje dice que en el futuro, ese día les
sería "en memoria", un día para recordar.
¿Qué debían recordar?

La Cena

Busque ahora Lucas 22:7-23, donde encontramos el relato de la primera Cena.
Era, realmente, una celebración de la Pascua, pero Jesús lo convirtió en algo
nuevo.

Luego que ellos comieron el cordero de la Pascua, Jesús les dio pan y vino,
diciendo específicamente que deberían comerlo y beberlo.

3 ¿Qué significado tiene:

a) el pan?

b) la copa?

Aunque el significado que el Señor dio al pan y el vino es sencillo, tiene
implicaciones profundas. Por ejemplo, 1 Corintios 10:16 dice que comer del pan y
tomar de la copa es tener comunión con Cristo. Y como hemos de ver luego,
nuestra participación tiene cierto compromiso.

No hay un acuerdo entre los grupos cristianos en cuanto a la naturaleza del
pan y el vino. Existen iglesias que creen que el pan y el vino son literalmente el
cuerpo y sangre del Señor. Otros hablan de la "presencia" de Cristo en el pan y el
vino. Y aun otros ven a los elementos como símbolos.

Nuestra posición es la última, es decir, que el pan es pan y el vino es vino pero
que simbolizan el sacrificio de Cristo en la cruz.

4   ¿Le parece que Juan 8.12, 10.7 y 15.1 apoyan
esa última posición, o no. ¿Por qué?

Hay otros detalles en favor de esta interpretación. Por ejemplo, cuando Jesús tomó el pan en sus manos y dijo "este es mi cuerpo" no podía haber "dos cuerpos" del Señor en el mismo momento. También el Lucas 22.20 Jesús dijo "esta copa es el nuevo pacto..." utilizando el lenguaje figurativo.

En Lucas 22:7-23, Jesús habla también de un "nuevo pacto", lo que implica que existía uno anterior, o "viejo pacto". Un pacto es un acuerdo, un convenio entre dos personas. En el Antiguo Testamento encontramos que Dios hizo pactos con Noé, Abraham y todo el pueblo de Israel. En este caso, "viejo pacto" se refiere a ese convenio que Dios hizo con Israel y que nosotros comunmente llamamos los diez mandamientos, o la ley de Moisés.

5   En un pasaje de Hebreos se comparan los
dos pactos. Busque Hebreos 8:8-13, y anote
las características principales del nuevo pacto.

Ya que Jesús inició la Cena en una celebración de la Pascua judía, no es sorpresa que los dos eventos tienen mucho en común.

6   A continuación damos una lista de los
aspectos principales de la Pascua, y otra lista
con versículos tomados del Nuevo
Testamento que tienen un paralelo con la
primera lista. Indique para cada aspecto de la
Pascua, el versículo que corresponde.

a) Un cordero perfecto. . . . .

b) Un cordero sacrificado. . . . .
   .

c) La sangre que protege. . . . .

d) Liberación de un pueblo. . . . .
   . .

e) Una fiesta para recordar. . . . .
   . .

f) Es la Pascua del Señor. . . . .

1 Pedro 1:2
1Corintios 11:24
Apocalipsis 5:6
1 Corintios 5:7
1Pedro 1:18,19
Gálatas 1:4

Así como la Pascua se celebra con el cordero, cuya sangre les libró de la muerte, la Cena se celebra en presencia del "Cordero de Dios, que quita el pecado del mundo" (Juan 1:29). "Porque Cristo, nuestro Cordero pascual, ya ha sido sacrificado." (1 Corintios 5.7b)

4

La Cena y la iglesia.

Fuera de los relatos de la primera Cena que hay en los evangelios, no hallamos muchas referencias de ella en el Nuevo Testamento. La primera la encontramos en el libro de los Hechos.

1 En base a Hechos 2:42,46 y 20:7, ¿qué aprendemos en cuanto a la manera en que los primeros cristianos celebraban la Cena? (Nota: "Partir el pan" era equivalente a "celebrar la Cena").

El pasaje principal que encontramos en las Epístolas acerca de la Cena es 1 Corintios 11:17-34. Pablo había oido que los corintios abusaban de la Cena, y les escribió para corregir esta situación (lea el pasaje detenidamente).

Así como se celebró la primera Cena con una comida, de la misma manera los primeros cristianos celebraban la Cena del Señor comiendo juntos. Una excelente manera de practicar la comunión cristiana es compartiendo una comida entre los hermanos. Pero aparentemente, los cristianos de Corinto habían cambiado la esencia de esa comida.

2 ¿Qué es lo que ellos hacían para que esta reunión de la Cena fuera sin provecho?

En los vv. 23 a 26 del mismo pasaje, Pablo explica el origen de la Cena, y aclara el motivo de por qué la celebramos. Por una parte, dice que la Cena es una ceremonia de recuerdo, y por otra, que es un anuncio.

3   Cuando celebramos la Cena:

a) ¿Qué recordamos?

b) ¿Qué anunciamos?

Por supuesto, podemos hacer estas dos cosas (recordar y anunciar) sin comer el pan y tomar el vino. Pero el hecho de que participemos juntos de esa comida sencilla tiene en sí una gran importancia. La acción en sí es una proclamación.

4   ¿Qué es lo que comunicamos?

Afirmamos anteriormente que el pan que comemos simboliza el cuerpo del Señor crucificado por nosotros, pero 1 Corintios 10:16 y 17 dice que el pan también tiene otro significado.

5   ¿Cuál es ese otro significado?

Este pasaje (1 Corintios 10:16,17) enfatiza que la Cena es una comunión con Dios. También vimos (Estudio 1) que el tiempo devocional es una manera de tener comunión personal con el Padre. Pero en la Cena lo hacemos juntos como la familia de Dios; es una celebración de su pueblo.

No encontramos un pasaje que nos diga exactamente cómo celebraban esa reunión. No sabemos detalles como, por ejemplo, cuál es el momento apropiado para comer el pan, duración de la reunión, cuánto tiempo cantaban o leían las

Escrituras, etc. El único pasaje que nos describe más detalladamente sus reuniones y que probablemente se aplique también a la Cena, es 1 Corintios 14:26-33. Conviene leer 1 Corintios 14:3,4 junto con este pasaje porque nos aclara cual era la función del profeta en la iglesia primitiva. (El tema de las lenguas lo trataremos en otro cuaderno.)

6 Si aplicamos este pasaje a la Cena, ¿qué nos indica en cuanto a:

a) quienes participaban activamente en la reunión?

b) el propósito de que cada uno participara?

En la lección anterior vimos que la Cena, en varios aspectos, es muy parecida a la Pascua judía. Pero al reflexionar un poco, nos damos cuenta de que también entre las dos fiestas existen muchas diferencias.

7 Enumere algunas de estas importantes diferencias entre la Cena y la celebración de la Pascua.

5

La Cena y el creyente.

La Biblia no dice quiénes pueden participar de la Cena del Señor. No aclara si pueden hacerlo solamente los mayores de edad, o la gente bautizada. Se supone, leyendo los pasajes que hablan de la Cena, que ésta es para los discípulos de Cristo, es decir, todos los hijos de Dios.

1 Supongamos que usted tiene un amigo que no es hijo de Dios, y que quiere acompañarlo a la iglesia y participar de la Cena. ¿Cómo respondería a su pedido? ¿Cómo explicaría su participación, o no participación?

Aunque en el Nuevo Testamento no se imponen limitaciones para los creyentes en cuanto a quiénes pueden participar de la Cena, sí nos dice cómo debemos participar. Vimos muy brevemente este tema en la lección anterior (pregunta 1), pero veamos ahora a 1 Corintios 11:27-34 donde Pablo habla de la necesidad de participar de la Cena con una actitud correcta. Aconsejamos leer de nuevo el pasaje, y si es posible, en más de una version de la Biblia.

La preocupación del apóstol era que algunos comían la Cena de una manera indigna.

2 A la luz de 1 Corintios 11:17-34, explique que significa comer la Cena "indignamente".

Para evitar la posibilidad de comer la Cena de una manera indigna, la solución es examinarnos anteriormente.

3 ¿Para qué debemos examinarnos? ¿Qué buscamos mediante ese examen?

El pasaje también habla de que existe la posibilidad de que seamos juzgados por el Señor. A la luz de lo que allí dice, piense en estas tres afirmaciones, y luego conteste la pregunta número 4.

⇨ Debemos examinarnos a nosotros mismos para evitar ser juzgados por el Señor. (versiculo 31)
⇨ Debemos examinarnos a nosotros mismos, confesar las faltas que encontramos y así participar de la Cena.
⇨ Debemos examinarnos a nosotros mismos, y si encontramos una falta, no participar de la Cena.

4 A la luz de este pasaje (1 Corintios 11:17-34) explique por qué una de estas afirmaciones es más correcta que las otras dos.

Por supuesto, nuestro estado de ánimo en la Cena depende mucho de cómo nos preparamos para ella, y también, en cierto sentido, de cómo fue nuestra vida cristiana durante las otras 167 horas de la semana.

5 ¿De qué manera debemos prepararnos para que nuestra participación en la Cena sea correcta, es decir, digna de nuestro Señor y

también de nuestra posición de hijos de Dios?
Mateo 5:23,24 sugiere un aspecto, también
podemos agregar otros.

Sabemos que los primeros cristianos celebraban la Cena una vez por semana. En nuestro país muchas iglesias hacen lo mismo, pero hay personas que objetan esa práctica, y dicen que de esa manera la Cena se convierte en una rutina aburrida, o en un rito aburrido.

Por supuesto, esto no debe ser así, como tampoco hay razón para que algún aspecto de la vida cristiana llegue a ser un rito vacío.

6 En cuanto a la Cena del Señor, ¿qué podemos hacer para que nuestra participación de ella no llegue a ser una rutina que resulte aburrida?

C

Conclusión

Así como el bautismo es el paso inicial y necesario para la vida cristiana, la participación regular de la Cena es necesaria para la continuación de esa vida. Lo practicamos por varias razones: por un lado, porque tenemos el mandato en la Palabra del Señor (1 Corintios 11:24,25) y el ejemplo de los primeros cristianos (Hechos 2:42); por otro, porque nosotros lo necesitamos. Es indispensable juntarnos para recordar las bases de nuestra fe y alabar a Dios con los hermanos; esto nos hace bien a nosotros y a los demás, que también necesitan de nuestra presencia (Hebreos 10:24,25).

> **Así pues, los que hicieron caso a su mensaje fueron bautizados... todos seguían firmes en lo que los apóstoles les enseñaban, y compartían lo que tenían, y oraban y se reunían para partir el pan.**

(Hechos 2:41,42)

Discipulado 1

www.ingramcontent.com/pod-product-compliance
Lightning Source LLC
Chambersburg PA
CBHW081215020426
42331CB00012B/3032